CURSO DE ESPAÑOL PARA NIÑOS

CUADERNO DE EJERCICIOS

LOLA y LEO 4

PASO A PASO

MARCELA FRITZLER
FRANCISCO LARA
DAIANE REIS

difusión

Autores
Marcela Fritzler, Francisco Lara, Daiane Reis

Revisión pedagógica
Roberto Castón (ilusionoptica.es), Clara Serfaty

Coordinación editorial y redacción
Roberto Castón (ilusionoptica.es), Clara Serfaty, Ana Irene García

Diseño de cubierta
Laurianne Lopez, Pablo Garrido

Diseño
La japonesa

Maquetación
Elisenda Galindo

Corrección
Pablo Sánchez García

Ilustraciones
Montse Casas (Ilustraciones Monsuros)

Excepto: Unidad 0: p. 8 freepik.com; p. 10 Neyro/AdobeStock; p. 12 veenaben Patel/iStockphoto, appleuzr/iStockphoto, fad1986/Istokphoto, AF–studio/iStockphoto, pinterest.com, conozcasanjose.com, Peacefully7/iStockphoto. **Unidad 2:** p. 23 lushik/iStockphoto davidcreacion/iStockphoto; p. 25 Laurianne Lopez; p. 26 Laurianne Lopez. **Unidad 3:** p. 31 David Revilla; p. 34 Tidarat Tiemjai/iStockphoto, alazur/iStockphoto. **Unidad 4:** p. 40 freepik.com; p. 41 David Revilla; p. 46 freepik.com; p. 47 David Revilla; p. 48 freepik.com. **Unidad 5:** p. 49 lessnik/AdobeStock; p. 55 Ernesto Rodríguez. **Juegos:** p. 59 freepik.com; pp. 62–63 Ekaterina Romanova/iStockphoto. **Recortables:** p. 75 Neyro/AdobeStock; p. 93 freepik.com.

Fotografías

p. 5 GlobalSotck/iStockphoto. **Unidad 0:** p. 7 jfunk/AdobeStock, Maksim Pasko/AdobeStock, Sashkin/AdobeStock, R. Gino Santa Maria/AdobeStock, phpetrunina14/AdobeStock, Kathrin39/AdobeStock, Vadim Andrushchenko/AdobeStock, JenkoAtaman/AdobeStock, Tierney/AdobeStock; p. 8 urbancow/iStockphoto laflor/iStockphoto; p. 10 Neyro/AdobeStock; p. 11 GlobalP/iStockphoto, Okea/iStockphoto, taringa.net, Benjamin Simeneta/Fotolia.com, cynoclub/Fotolia.com, lemonadelucy/iStockphoto, DaddyBit/iStockphoto, Ammit/Dreamstime.com, Onfokus/iStockphoto, animalitostucupita.wordpress.com; p. 12 PeopleImages/iStockphoto. **Unidad 1:** p. 14 Marilyn Nieves/iStockphoto; p. 15 SolStock/iStockphoto, kate_sept2004/iStockphoto, PeopleImages/iStockphoto; p. 16 Suriyapong Thongsawang/iStockphoto; p. 17 Justus Sustermans/Phrood~commonswiki, Especial/Síntesis.mx, Imagexia, Cubadebate; p. 20 Daiane Reis. **Unidad 2:** p. 22 Milkos/iStockphoto, ChristopherBernard/iStockphoto, alzay/iStockphoto, Staras/iStockphoto, Thomas Söllner/AdobeStock, AndreyPopov/iStockphoto; p. 24 SeventyFour/iStockphoto, LiudmylaSupynska/iStockphoto, djedzura/iStockphoto, Steve Debenport/iStockphoto, Ben Gingell/iStockphoto, kwanchaichaiudom/iStockphoto, Xavier Arnau/iStockphoto; p. 26 damircudic/iStockphoto, Indysystem/iStockphoto, alzay/iStockphoto; p. 27 Paperkites/iStockphoto, Paperkites/iStockphoto, aroax/iStockphoto; p. 28 DenisKot/iStockphoto, 2xSamara.com/Shutterstock, RapidEye/iStockphoto, kwanchaichaiudom/iStockphoto, kwanchaichaiudom/iStockphoto; p. 30 imagedepotpro/iStockphoto, Paseante/Dreamstime.com, Graffizone/iStockphoto, olympic.org, mariscal.com; **Unidad 3:** p. 32 fotokostic/iStockphoto, Singkham/iStockphoto, PeopleImages/iStockphoto, JackF/iStockphoto; p. 33 Sarah Rypma/AdobeStock, monkeybusinessimages/iStockphoto, jacoblund/iStockphoto, biker3/AdobeStock, franckreporter/iStockphoto, sanjeri/iStockphoto, numxyz/iStockphoto, MediaProduction/iStockphoto, HABY/iStockphoto, hobbysaliplant.com; p. 34 Tidarat Tiemjai/iStockphoto, alazur/iStockphoto; p. 35 viennetta/iStockphoto; p. 36 Victoria Labadie – Fotonomada/iStockphoto, hobbysaliplant.com, vitonica.com, mejorconsalud.com, Sneksy/iStockphoto; p. 37 The_Pixel/iStockphoto, robynmac/iStockphoto, robynmac/iStockphoto, hudiemm/iStockphoto, Veaceslav Popovici/AdobeStock, Veaceslav Popovici/AdobeStock, Natika/AdobeStock, robynmac/iStockphoto, aperturesound/AdobeStock, eyewave/AdobeStock, Olga Kurguzova/Dreamstime.com, Olga Kurguzova/Dreamstime.com, philip kinsey/AdobeStock, Dionisvera/AdobeStock, Viktor_Kitaykin/iStockphoto, andersphoto/AdobeStock, subjug/iStockphoto, ovydyborets/Fotolia.com; p. 38 pixdeluxe/iStockphoto, Mordolff/iStockphoto; p. 39 quioteca.com. **Unidad 4:** p. 40 unalozmen/iStockphoto; p. 42 nicholashan/AdobeStock; p. 43 czekma13/iStockphoto, jrphoto6/iStockphoto, JohanSjolander/iStockphoto, sarayut/iStockphoto, bogdanhoria/iStockphoto, loeskieboom/iStockphoto; p. 45 MNStudio/AdobeStock, FatCamera/AdobeStock, spooh/iStockphoto, SerhiiBobyk/iStockphoto; p. 46 MangoStar_Studio/iStockphoto, PeopleImages/iStockphoto; p. 47 druvo/iStockphoto, caracterdesign/iStockphoto, PeopleImages/iStockphoto, xavierarnau/iStockphoto, kali9/iStockphoto; p. 48 Iraitz/AdobeStock. **Unidad 5:** p. 51 PeopleImages/iStockphoto, kali9/iStockphoto, RichVintage/iStockphoto, difusion.com; p.52 druvo/iStockphoto, caracterdesign/iStockphoto, PeopleImages/iStockphoto, Ben Gingell/iStockphoto; p. 53 Morsa Images/iStockphoto, Perboge/iStockphoto, druvo/iStockphoto, caracterdesign/iStockphoto, m–imagephotography/iStockphoto, twinsterphoto/iStockphoto, EEI_Tony/iStockphoto, abadonian/iStockphoto; p. 54 FatCamera/iStockphoto xavierarnau/iStockphoto; p. 55 difusion.com; p. 56 RichVintage/iStockphoto, inewsistock/iStockphoto, Ridofranz/iStockphoto, Tatiana Mezhenina/iStockphoto, RichVintage/iStockphoto, natrot/iStockphoto, Piotrurakau/iStockphoto, Wavebreakmedia/iStockphoto, Ridofranz/iStockphoto, RichVintage/iStockphoto, Piotrurakau/iStockphoto. **Juegos:** p. 58 Romrodinka/Dreamstime.com, blackday/AdobeStock, Tomasz Zajda/AdobeStock, Vadim Andrushchenko/AdobeStock, Maksim Pasko/AdobeStock, Tzido/iStockphoto, Benjamin Simeneta/Fotolia.com, DaddyBit/Istockphoto, Micha Rojek/Dreamstime.com, ozanuysal/Istockphoto; p. 59 Pgiam/iStockphoto, dzika_mrowka/iStockphoto, Sergiy1975/iStockphoto, Ben Gingell/iStockphoto; p. 60 Coprid/iStockphoto, julichka/iStockphoto, phive2015/iStockphoto, stickytoffeepudding/iStockphoto, MediaProduction/iStockphoto, Ammit/Dreamstime.com; Benjamin Simeneta/Fotolia.com, imagexia.com, kali9/iStockphoto, dsafanda/iStockphoto, VeselovaElena/iStockphoto, SolStock/iStockphoto, Viktor_Kitaykin/iStockphoto, Spauln/iStockphoto, rigga/iStockphoto, Serhiy Shullye/Fotolia.com; p. 61 aroax/iStockphoto, Paperkites/iStockphoto, farma–vazquez.com, DenisKot/iStockphoto, fotokostic/iStockphoto, Syldavia/iStockphoto, vitonica.com, MachineHeadz/iStockphoto, GOLFX/iStockphoto, mg7/iStockphoto, phive2015/iStockphoto. **Glosario:** p. 65 Kjetil Kolbjornsrud/Dreamstime.com, LIGHTFIELD STUDIOS/AdobeStock, Tomasz Zajda/AdobeStock, ra2 studio/AdobeStock, Micha Rojek/Dreamstime.com, ozanuysal/iStockphoto, charnsitr/AdobeStock, Romrodinka/Dreamstime.com, Tzido/iStockphoto, 22tomtom/Dreamstime.com, blackday/AdobeStock, Tarzhanova/AdobeStock, pxhidalgo/iStockphoto, goodluz/AdobeStock, Alfonsodetomas/AdobeStock, ALFphoto/AdobeStock; p. 66 misistemasolar.com, scyther5/iStockphoto, adventtr/iStockphoto, Baoshan/iStockphoto, mrtom–uk/iStockphoto, dzika_mrowka/iStockphoto, bjdlzx/iStockphoto, cosmin4000/iStockphoto, Sergiy1975/iStockphoto, slavemotion/iStockphoto, spaxiax/AdobeStock, Yingko/AdobeStock, Oxford/iStockphoto, pinterest.fr, Pgiam/iStockphoto, laletradelaciencia.es, valio84sl/iStockphoto, valio84sl/iStockphoto, olegkoval/AdobeStock, serhii/AdobeStock, Erik Lam/AdobeStock, Erik Lam/AdobeStock, FlashMyPixel/iStockphoto, manjik/iStockphoto, Baoshan/iStockphoto, manjik/iStockphoto, inhauscreative/iStockphoto, 3quarks/iStockphoto, mode_list/AdobeStock, nasa_gallery/AdobeStock; p. 67 ChristopherBernard/iStockphoto, Oleh_Slobodeniuk/iStockphoto, Indysystem/iStockphoto, Staras/iStockphoto, AndreyPopov/iStockphoto, djedzura/iStockphoto, Ben Gingell/iStockphoto, Xavier Arnau/iStockphoto, Steve Debenport/iStockphoto, kwanchaichaiudom/iStockphoto, LiudmylaSupynska/iStockphoto, aroax/iStockphoto, Altayb/iStockphoto, Coprid/iStockphoto, julichka/iStockphoto, farma–vazquez.com, Paperkites/iStockphoto, naumoid/iStockphoto, Milkos/iStockphoto, Denys Kurbatov/AdobeStock, Thomas Söllner/AdobeStock, Ismailciydem/iStockphoto, DenisKot/iStockphoto, napatcha/AdobeStock, Minerva Studio/AdobeStock, digitalskillet1/AdobeStock, luminis/iStockphoto, DragonImages/iStockphoto, Saturated/iStockphoto, Andrey Popov/AdobeStock; p. 68 Serhiy Shullye/Fotolia.com, Hyrma/iStockphoto, hudiemm/iStockphoto, trigga/iStockphoto, Viktor_Kitaykin/iStockphoto, Spauln/iStockphoto, agrorganics.com, Singkham/iStockphoto, anna1311/iStockphoto, narvikk/iStockphoto, ArtCookStudio/iStockphoto, Singkham/iStockphoto, fotokostic/iStockphoto, PeopleImages/iStockphoto, JackF/iStockphoto, CharlieAJAA/iStockphoto, celsopupo/iStockphoto, LeandroHernandez/iStockphoto, AlenKadr/AdobeStock, Jose Luis Stephens/AdobeStock, Jorgefontestad/iStockphoto, akinshin/iStockphoto, Sasha_Suzi/iStockphoto, orchard.es, hobbysaliplant.com, verdurasblog.weebly.com, vitonica.com, mejorconsalud.com, juver.com; p. 69 GlobalP/iStockphoto, sarayut/iStockphoto, JackF/iStockphoto, tiero/iStockphoto, GlobalP/iStockphoto, vusta/iStockphoto, rusm/iStockphoto, DaddyBit/iStockphoto, prapassong/iStockphoto, ianmcdonnell/iStockphoto, Okea/iStockphoto, kotomiti/iStockphoto, kotomiti/iStockphoto, abadonian/iStockphoto, GlobalP/iStockphoto, kotomiti/iStockphoto, thomaslenne/iStockphoto, prapassong/iStockphoto, loeskieboom/iStockphoto, GlobalP/iStockphoto, cynoclub/AdobeStock, bogdanhoria/iStockphoto, czekma13/iStockphoto, prasit chansarekorn/iStockphoto, Leoco/iStockphoto, jrphoto6/iStockphoto, ImageGap/iStockphoto, efired/AdobeStock, YakobchukOlena/AdobeStock, DoraZett/AdobeStock; p. 70 Rost–9D/iStockphoto, morgar/iStockphoto, hh5800/iStockphoto, taka4332/iStockphoto, tanuha2001/iStockphoto, ChrisAt/iStockphoto, koya79/iStockphoto, barkarola/iStockphoto, aldomurillo/iStockphoto, Morsa Images/iStockphoto, YinYang/iStockphoto, oneclearvision/Istckphoto, courtyardpix/iStockphoto, Perboge/iStockphoto, michaeljung/iStockphoto, twinsterphoto/iStockphoto, Jbryson/iStockphoto, PeopleImages/iStockphoto, PeopleImages/iStockphoto, CowlickCreative/iStockphoto, CowlickCreative/iStockphoto, GlobalP/iStockphoto, Seregraff/iStockphoto, abadonian/iStockphoto, EEI_Tony/iStockphoto, Vasilyevalara/iStockphoto, Gazometr/iStockphoto; p. 71 xefstock/iStockphoto. **Recortables:** p. 77 PeopleImages/iStockphoto, jacoblund/iStockphoto, monkeybusinessimages/iStockphoto, PeopleImages/iStockphoto, Llorenc, Conejo Leonid/AdobeStock, DenKuvaiev/iStockphoto, SerhiiBobyk/iStockphoto, XiXinXing/iStockphoto, FatCamera/iStockphoto, THEPALMER/iStockphoto, Destonian/AdobeStock; p. 79 Jan H. Andersen/AdobeStock, GoodLifeStudio/iStockphoto, tataks/iStockphoto, gaiamoments/iStockphoto; p. 83 arcady_31/AdobeStock, gt29/AdobeStock, reeel/AdobeStock, Arcady/AdobeStock, Denis Dryashkin/AdobeStock, blattwerkstatt/AdobeStock, blattwerkstatt/AdobeStock, T. Michel/AdobeStock, Jackin/AdobeStock, Arcady/AdobeStock; p. 85 rusm/iStockphoto, JackF/iStockphoto, Okea/iStockphoto, GlobalP/iStockphoto, JackF/iStockphoto, GlobalP/iStockphoto, sarayut/iStockphoto, tiero/iStockphoto, vusta/iStockphoto, DaddyBit/iStockphoto, ianmcdonnell/iStockphoto, kotomiti/iStockphoto; p. 87 EEI_Tony/iStockphoto, abadonian/iStockphoto, DaddyBit/iStockphoto, ianmcdonnell/iStockphoto, sarayut/iStockphoto, Iakov Filimonov/Dreamstime, Lohadenok/Dreamstime.com, taringa.net, animalitostucupita.wordpress.com, GlobalP/iStockphoto, GlobalP/iStockphoto, JackF/iStockphoto, kotomiti/iStockphoto, prapassong/iStockphoto, vusta/iStockphoto; p. 91 imaginima/iStockphoto; p. 93 fotokostic/iStockphoto.

Música y voces
Silvia Dotti, Joan Trilla Benedito

Letras de las canciones
Marcela Fritzler, Francisco Lara, Daiane Reis

Locuciones
Estudio Difusión (Barcelona), Silent Media S. L. (Sevilla)

difusión
Centro de Investigación y Publicaciones de Idiomas, S. L.

C/ Trafalgar, 10, entlo. 1ª
08010 Barcelona - España
Tel.: (+34) 932 680 300
Fax: (+34) 933 103 340
editorial@difusion.com

www.difusion.com

ISBN: 978-84-17710-74-3
Impreso por IMPRENTA MUNDO

MIXTO
Papel procedente de fuentes responsables
FSC www.fsc.org FSC® C125125

BIENVENIDOS A LOLA y LEO PASO A PASO

LOLA y LEO PASO A PASO es un manual de español para niños de entre 7 y 11 años que propone un método sencillo y divertido para aprender jugando y disfrutando.

El CUADERNO DE EJERCICIOS está pensado para retomar y consolidar los contenidos del Libro del alumno con actividades colaborativas e individuales, diseñadas para desarrollar la creatividad de los estudiantes y afianzar el aprendizaje.

Además de las seis unidades correspondientes al Libro del alumno, el CUADERNO DE EJERCICIOS propone **tres juegos** de repaso léxico y gramatical.

El CUADERNO DE EJERCICIOS incorpora un **glosario visual** concebido como espacio de trabajo, en el que los estudiantes podrán consultar el vocabulario más importante de cada unidad al mismo tiempo que trabajan las palabras en su propia lengua, y un apartado de **material recortable** para dinamizar las actividades que están marcadas con el icono de "recorta".

LOS ICONOS DE LOLA Y LEO PASO A PASO

Escucha | Habla | Repite | Escribe | Dibuja | Recorta | Mira | Relaciona

Juega | Representa | Canta | Señala | Lee | Habla con tus compañeros

LOLA y LEO PASO A PASO 4 cuenta con contenidos digitales extra:

campus difusión

- el libro digital
- el libro del profesor
- las pistas de audio (mp3)
- los vídeos (mp4)
- las letras de las canciones (pdf)
- los apartados de gramática visual (pdf)
- el apartado de material recortable (pdf)
- los juegos del Cuaderno de ejercicios (pdf)
- las fichas proyectables (pdf)

ÍNDICE

LOLA y LEO 4

PASO A PASO

Mi foto

ME LLAMO ....

....

TENGO .... AÑOS.

SOY DE ....

VIVO EN ....

UNIDAD 0

Día Mundial de la Radio

1 A. Mira la imagen de la página 10 del Libro del alumno y escribe cuatro preguntas.

¿Dónde...? ¿Qué...? ¿Cómo...? ¿Quién...?

1.
2.
3.
4.

B. Ahora, pregunta a tus compañeros.

2 Lee y ordena los meses. Después, escucha y repite.

1

bla bla

febrero	junio	noviembre	abril
mayo	marzo	enero	octubre
septiembre	agosto	diciembre	julio

3 Lee y contesta.

1. ¿En qué estación del año estamos? ¿Y en qué mes?

2. ¿Cuál es tu estación del año favorita?

3. ¿En qué mes del año hace mucho calor? ¿Y mucho frío?

Las estaciones del año

la primavera
el verano
el otoño
el invierno

4 Mira, marca las fotos que relacionas con diciembre y habla con tus compañeros.

5 Escucha de nuevo la entrevista de Lola y completa la ficha 1. Después, completa la ficha 2 con tus datos.

FICHA 1

Nombre:
Lola

Nacionalidad:

Dónde vive:

Edad:

Fecha de cumpleaños:

Familia:

FICHA 2

Nombre:

Nacionalidad:

Dónde vivo:

Edad:

Fecha de cumpleaños:

Familia:

6 Mira estas operaciones matemáticas y completa las frases.

40 +  = 80 — 1. El bolígrafo es el número cuarenta.

100 – 45 = 

— 2. ______ es el número ______.

 + 2 = 24 — 3. ______ es el número ______.

75 – 15 =  — 4. ______ es el número ______.

7 Escribe las horas sumando una hora y cinco minutos más a cada reloj.

Son las dos y veinte (de la tarde).

______

______

______

______

______

8 Escucha la canción *¿Quién soy?* y completa las fichas con la información de sus protagonistas. 3

Nombre: ______

Nacionalidad: ______

Edad: ______

Otra información: ______

Nombre: ______

Nacionalidad: ______

Edad: ______

Otra información: ______

9 **A. Mira el árbol de la familia de Lola y Leo en la página 16 del Libro del alumno, escribe si estas frases son verdaderas (V) o falsas (F) y corrige la información de las frases falsas en tu cuaderno.**

1. Curro tiene diecisiete años. ◯
2. A Pepe le gusta viajar en avión. ◯
3. Carlos, el padre de Leo, es mexicano. ◯
4. Lola tiene nueve años. ◯
5. A Chavela le gusta ir al cine, pintar y trabajar en el jardín. ◯
6. A Lupe no le gusta montar en bicicleta. ◯
7. Rosa es mexicana. ◯
8. A Felipe le gusta mucho el queso. ◯
9. El animal favorito de Leo es el gato y el de Sara el caballo. ◯
10. A Pablo le gusta el chocolate. ◯

B. Ahora, elige a Lola, a Leo o a una de las personas de la familia de Lola o de Leo y escribe un texto con información sobre su día a día.

1. Elige a un personaje.
2. Prepara la información sobre su día a día. Ya sabes muchas cosas de ellos, pero... también puedes inventar información.
3. Escribe tu texto.

Lupe se levanta a las siete todos los días.
Ella siempre desayuna fruta.

10 **Lee y responde con los números en cifras y en letras.**

1. El número de estudiantes que hay en tu clase.
2. Tu edad + la edad de tu mejor amigo.
3. El número de letras que tiene el abecedario español.
4. Tu número favorito + el día de hoy.

11 Mira la imagen de la página 11 del Libro del alumno y responde.

1. ¿Qué día de la semana es? ¿Y qué hora?

2. ¿Qué está haciendo Leo?

3. ¿Qué está haciendo el chico que está al lado de Leo?

4. ¿Qué está haciendo la niña con el móvil?

5. ¿Qué está haciendo la niña de las gafas azules?

12 A. Completa la descripción del personaje con la información de la ficha.

Nombre: Santiago
Edad: 11 años
Nacionalidad: mexicana
Altura: 1, 47 m

Me llamo ______________,
tengo ______________ y soy ______________.
Mido ______________.
Soy ______________, tengo los ojos ______________ y el pelo ______________.

B. Recorta, elige y pega la ropa de Santiago. Después, explica qué ropa lleva.

13 Relaciona cada animal con su información correspondiente.

1 
2 
3 
4 
5 
6 
7 
8 
9 
10 

7	Tiene una trompa muy larga y las orejas muy grandes.
	Vive en el agua y nada muy bien.
	Tiene los bigotes largos y le gusta comer pescado.
	Sus alas son de colores y vuela de flor en flor.
	Nos da leche y vive en el campo.
	Tiene plumas de muchos colores y un pico muy fuerte.
	Es muy lenta y puede dormir dentro de su caparazón.
	Nos da huevos y tiene solo dos patas.
	Tiene cuatro patas y es muy amigo de las personas.
	Es muy pequeña y tiene ocho patas.

14 Elige un animal de la página 18, actividad 16, del Libro del alumno, busca información sobre él, marca las opciones correctas y dibújalo.

MI ANIMAL ES ______

1. Suele vivir en...
   ◯ la casa. ◯ la granja. ◯ la selva.

2. Tiene bigotes. ◯ Sí. ◯ No.

3. ◯ Camina. ◯ Vuela. ◯ Nada.

4. Come...
   ◯ animales. ◯ plantas.
   ◯ animales y plantas.

15 Recorta y juega con tu compañero: ¿qué están haciendo?

REGLAS DEL JUEGO (por parejas)

1. Recorta las tarjetas y ponlas bocabajo en la mesa.
2. Por turnos, cada jugador toma una tarjeta y dice qué están haciendo los protagonistas de las imágenes.
3. Si acierta y dice la frase correctamente, se queda la tarjeta. Si falla, la pone bocabajo en la mesa.
4. El juego termina cuando se acaben las tarjetas. Gana el jugador que consiga más tarjetas.

DESCUBRIR EL MUNDO

Los medios de comunicación

16 Relaciona los medios de comunicación con su imagen.

periódico | redes sociales | revista | internet | televisión | radio

17 ¿Qué puedes hacer con estos medios de comunicación? Clasifica las palabras de las etiquetas. Hay varias posibilidades.

un periódico | un mensaje | una revista | una carta | por internet | un *email*

Hablar	Escribir	Enviar	Chatear	Leer

En el planetario

1 A. Mira, lee y escribe verdadero (V) o falso (F).

INSTRUCCIONES

1. Mira la imagen de la página 22 del Libro del alumno durante 30 segundos y ciérralo.
2. Lee las frases y marca verdadero (V) o falso (F).
3. Comprueba.

1. Sara vio la proyección al lado de su madre. ◯
2. Leo no vio la proyección del espacio. ◯
3. El padre de Leo vio la proyección sin gafas. ◯
4. Leo fue al planetario con una camiseta azul. ◯
5. Lupe comió palomitas durante toda la proyección. ◯
6. Leo grabó toda la proyección con el móvil. ◯

Ahora tú B. Mira la imagen de la página 23 y escribe cuatro frases verdaderas o falsas. Tu compañero adivina.

1.
2.
3.
4.

2 Colorea las terminaciones de los verbos con rotuladores o lápices de colores.

	PASAR	COMER	RECIBIR
yo	pasé	comí	recibí
tú	pasaste	comiste	recibiste
él, ella	pasó	comió	recibió
nosotros/as	pasamos	comimos	recibimos
vosotros/as	pasasteis	comisteis	recibisteis
ellos, ellas	pasaron	comieron	recibieron

3 Cierra los ojos e imagina que eres un astronauta. Después, escribe tres cosas que hiciste ayer en el espacio.

Ayer descubrí un planeta nuevo.

aprender · viajar · caminar · hablar · ~~descubrir~~ · escuchar · escribir · volar · conocer · ver

4 Completa la tabla.

hice · fuiste · jugó · hicimos · jugasteis · fueron · fue · hicieron · fuisteis · jugué · jugamos · hiciste · hicisteis · fui · jugaron · hizo · jugaste · fuimos

	JUGAR	HACER	IR
yo			
tú			
él, ella			
nosotros/as			
vosotros/as			
ellos, ellas			

5 A. Lee y completa con los verbos conjugados.

~~hacer~~
subir
cenar

Ayer ___hice___ surf en una playa fantástica. ¡__________ a una ola de casi dos metros! Después __________ con mis padres en un restaurante cerca del mar para celebrarlo.

#playaFantástica #surf #olagigante #cena #familia

hacer
comer
pasar
jugar

¡Domingo de cumpleaños! Mis amigos y yo __________ un pícnic en el parque y fue muy divertido. __________ a la pelota y __________ de todo: tortilla, fruta, tarta de chocolate. ¡Lo __________ genial! ¡Gracias por todos los regalos!

#11años #parque #cumple

B. Escribe en tu cuaderno cómo fue tu último cumpleaños.

6 Lee y responde a estas preguntas en tu cuaderno. Después, coméntalas con tu compañero.

¿Hiciste muchas cosas el fin de semana pasado? ¿Te lo pasaste bien?

¿Cuál es la última película que viste en el cine? ¿Te gustó?

¿Qué hiciste en tus últimas vacaciones? ¿Te lo pasaste bien?

El fin de semana pasado hice muchas cosas. Fui a patinar con mis primos y me encantó, y también fui a la piscina. ¡Me lo pasé muy bien! Y tú, ¿qué hiciste?

7 Recorta y juega con tus compañeros.

REGLAS DEL JUEGO (en grupos de tres)

1. Recorta y prepara los dados.
2. Por turnos, cada jugador tira los dados e inventa una frase, como en el ejemplo.
3. Cada jugador juega, como mínimo, tres rondas.
4. Cada frase correcta suma un punto y no se pueden repetir las frases de los compañeros.
5. Gana el jugador que consiga más puntos.

8 A. Mira la imagen de la página 23 del Libro del alumno y completa con los números escritos en letras.

1. Sara ganó ______________________ puntos.
2. Leo ganó ______________________ puntos.
3. Galileo observó el espacio por primera vez en ______________________.
4. El hombre llegó a la Luna en ______________________.

B. Ahora, busca y colorea las siguientes cifras.

mil ochocientos setenta y cuatro	dos mil trescientos
setecientos veintiséis	cinco mil cuarenta y nueve
mil cuatrocientos once	tres mil noventa y tres

123455989239494883431289432432430938

415049632746374632300854587458437264

6574714113567564857474589484921874736

9 Lee, escucha y completa.

4

1 Galileo Galilei nació el 15 de febrero de ____________ en Italia. Fue un astrónomo, filósofo, matemático, ingeniero y físico. Observó por primera vez el espacio con un telescopio, en el año ____________.

2 Valentina Tereshkova nació el 6 de marzo de ____________ en Rusia. Fue la primera astronauta mujer que viajó al espacio, en ____________.

3 Neil Armstrong nació el 5 de agosto de ____________ en Estados Unidos. Estudió Ingeniería Aeroespacial y fue el primer hombre que pisó la Luna, en ____________.

4 Arnaldo Tamayo nació el 29 de enero de ____________ en Cuba. Fue piloto y astronauta. En ____________ se convirtió en el primer latinoamericano en volar al espacio.

10 Ahora tú

¿En tu país hay alguna persona importante en el mundo de la astronomía o de la aeronáutica? Busca información y una foto en internet, y escribe una biografía como las de arriba.

Pega aquí la foto.

11 Lee y completa las frases.

1. Ayer Clara (IR) fue a la playa, pero no (BAÑARSE) ________.
   ¡Qué chica tan rara!
2. Javi, ¿(HACER) ________ todos tus deberes la semana pasada?
3. Anoche (yo, DUCHARSE) ________ y (yo, LAVARSE) ________ el pelo.
4. El fin de semana pasado, Sam (HACER) ________ muchas cosas: (DORMIR) ________ en casa de su amigo Rui y (PASAR) ________ todo el día con su familia.
5. Yo (NACER) ________ el 20 de abril de 2009 a las 17.33 h y mi hermana (NACER) ________ dos minutos después. Así que... ¡yo soy la mayor!
6. El hombre (PISAR) ________ la Luna por primera vez en 1969.

12 Lee y completa. Compara tus respuestas con las de un compañero.

1. La actividad más **divertida** de esta unidad es ________.
2. El personaje más **simpático** de este libro es ________.
3. La persona más **importante** de mi vida es ________.
4. La palabra más **difícil** en español es ________.
5. El juego más **divertido** de la clase de español es ________.
6. La palabra más **bonita** en mi idioma es ________.

13 A. Mira el vídeo y completa.

NUESTRO SISTEMA SOLAR

1. Para nosotros, el Sol es la estrella ______________ que hay en el espacio.
2. Mercurio es el planeta ______________ al Sol.
3. Venus es el planeta ______________.
4. Júpiter es el planeta ______________.
5. Neptuno es el planeta ______________.

B. ¿Sabes que hasta el año 2006 Plutón fue considerado el noveno planeta de nuestro sistema solar? Busca en internet más información y después compártela con tus compañeros.

14 Mira y escribe la posición de los elementos coloreados.

1. El segundo sol es amarillo.
2. El ______________ sol es naranja.
3. La ______________ luna es azul.
4. La ______________ luna es verde.
5. La ______________ luna es lila.
6. La ______________ estrella es gris.
7. La ______________ estrella es rosa.
8. El ______________ planeta es marrón.
9. El ______________ planeta es rojo.
10. El ______________ planeta es negro.

15 A. Mira, escribe y juega con tu compañero.

REGLAS DEL JUEGO (por parejas)

1. Cada jugador mira la imagen de las páginas 22 y 23 del Libro del alumno.
2. Elige seis elementos y escribe una palabra en cada uno de los cuadros de abajo.
3. Tapa cada palabra con un pósit y escribe encima la primera letra de la palabra.
4. Por turnos, cada jugador elige una letra y trata de adivinar la palabra oculta.
5. Cada acierto suma un punto.
6. Gana el jugador que consiga más puntos.

1

2

3

4

5

6

B. Ahora, elige tres de tus palabras y escribe tres frases.

1.

2.

3.

16 **A. Escucha la canción *¡El finde se acabó!* y completa.** 5

- Días de la semana:
- Actividades:
- Comidas:

B. Ahora, completa la canción con tus frases. Después, practica y graba una nueva canción. 6

Hoy ya es lunes.
¡El finde se acabó!
Hice tantas cosas
que el tiempo voló.

¡Y el sábado se acabó!

Hoy ya es lunes.
¡El finde se acabó!
Hice tantas cosas
que el tiempo voló.

En un plis plas, se
acabó el fin de semana.
Hoy ya es lunes.
¡El finde se acabó!

DESCUBRIR EL MUNDO

La estrella Cervantes y sus planetas

17 **Crea un cuestionario y juega con tus compañeros.**

REGLAS DEL JUEGO (en grupos de tres)

1. Buscad más información en internet sobre Cervantes, su libro *Don Quijote de la Mancha* y la estrella Cervantes y sus planetas.
2. Cread tres preguntas. Cada pregunta tiene que tener tres respuestas (a, b, c), pero solo una puede ser correcta.
3. Después, por turnos, cada equipo hace una pregunta a los compañeros de los otros equipos.
4. Cada acierto suma 1 punto.
5. Gana el equipo que consiga más puntos.

Ideas que te pueden ayudar:

- ¿Dónde nació Cervantes?
- ¿En qué año murió Cervantes?
- ¿En qué año se publicó *Don Quijote de la Mancha*?
- ¿Cómo se llama la constelación de la estrella Cervantes?

¿Qué le pasa?

1 **Mira la imagen de las páginas 36 y 37 del Libro del alumno y contesta a estas preguntas.**

1. ¿Qué personajes no están enfermos?

 ______________________.

2. ¿Por qué le duele la barriga a Lola?

 ______________________.

3. ¿Qué le pasa a Pablo?

 ______________________.

4. ¿Qué tiene Pepe en la mano? ¿Para quién es?

 ______________________.

5. ¿Cómo se dice en tu lengua la caja blanca que hay encima de la mesa? ¿Y en español? Búscalo en el diccionario.

 ______________________.

2 **Mira y escribe debajo el nombre de estas partes del cuerpo. Después, marca en verde las palabras en plural.**

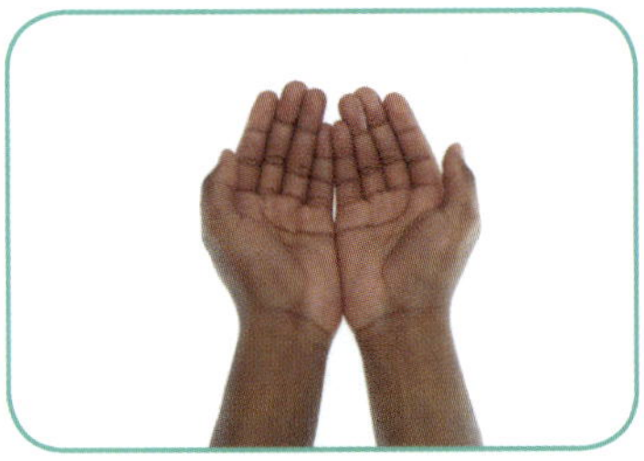

las manos

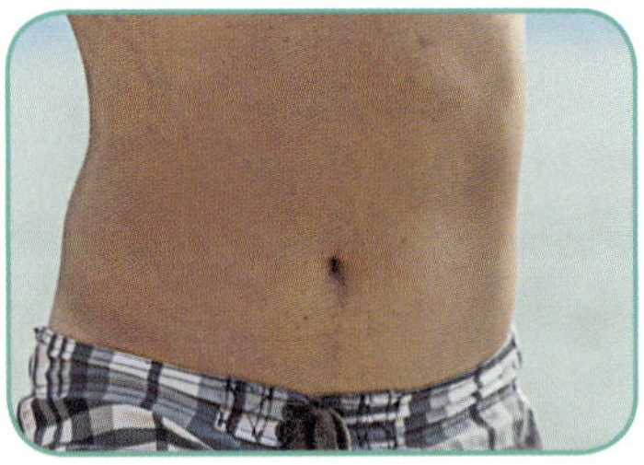

____

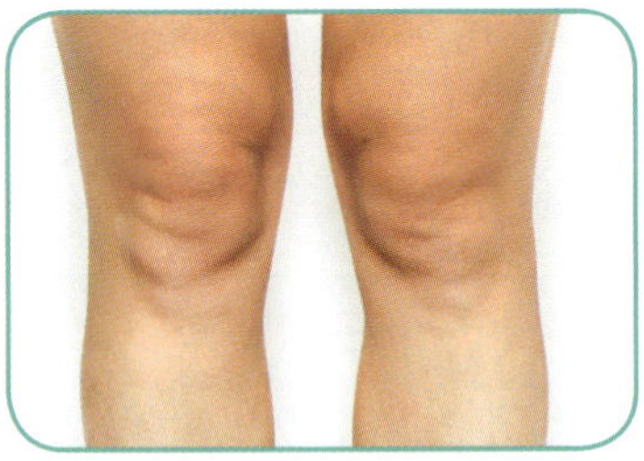

____

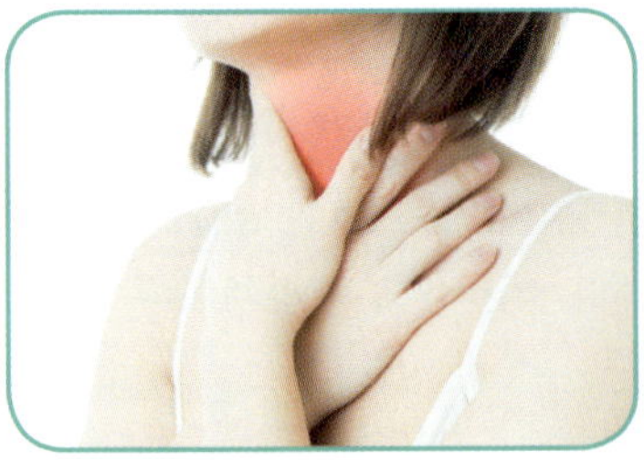

____

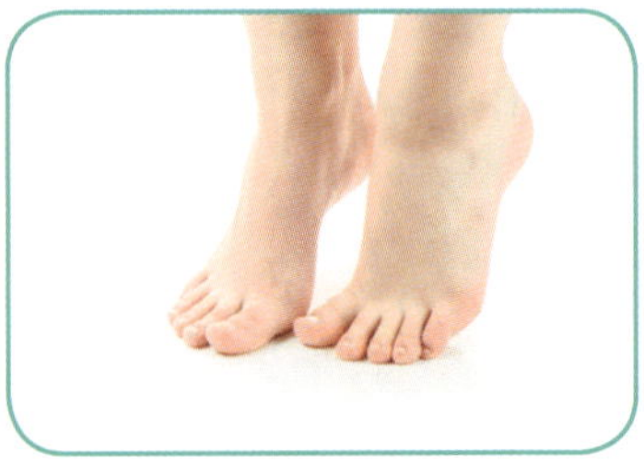

____

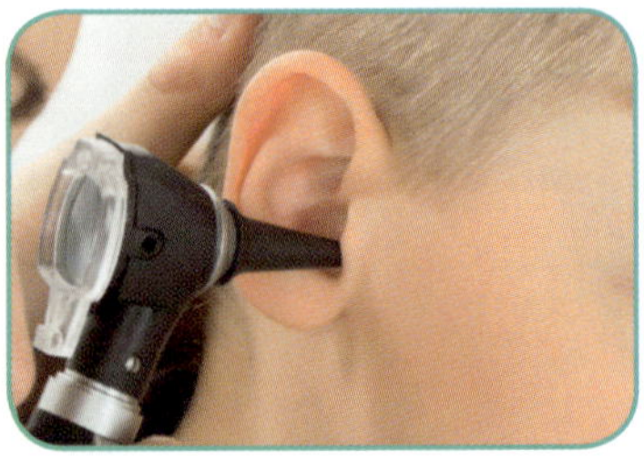

____

3 Lee y marca la opción correcta. Puede haber varias posibilidades.

A Leo le gusta el helado, pero hoy no puede tomarlo porque...
- ◯ le duelen las rodillas.
- ◯ le duele la garganta.
- ◯ le duelen los pies.

A Igor le gusta nadar, pero hoy no puede ir a la piscina porque...
- ◯ le duelen los pies.
- ◯ le duelen las rodillas.
- ◯ le duelen los oídos.

A Ana le gusta el fútbol, pero hoy no puede jugar porque...
- ◯ le duelen las rodillas.
- ◯ le duele el codo.
- ◯ le duele la mano.

A Isa le gustan los dulces, pero hoy no puede comerlos porque...
- ◯ le duelen las manos.
- ◯ le duele la barriga.
- ◯ le duelen los oídos.

4 A. Lee, elige la forma adecuada y completa las frases con el verbo doler.

me duele	te duele	le duele	nos duele	os duele	les duele
me duelen	te duelen	le duelen	~~nos duelen~~	os duelen	les duelen

1. Ayer hicimos una excursión por la montaña y hoy nos duelen los pies.
2. Por favor, baja un poco la música. ______ la cabeza.
3. Lola, Min, ¿por qué no queréis helados? ¿______ la garganta?
4. ¿Qué te pasa, Curro? ¿______ los oídos?
5. Ayer Marcela comió muchos dulces y ahora ______ la barriga.
6. El domingo mis primas Julia y Lorena se cayeron de la bici y ahora ______ las rodillas.
7. Mamá, hoy no puedo ir a clase de tenis porque ______ los codos.

B. Ahora, escribe frases con los verbos de las etiquetas que no has utilizado.

5 Escribe y juega con un compañero: ¿qué te pasa?

REGLAS DEL JUEGO

1. Escribe el nombre de una parte del cuerpo en un pósit.
2. Sin que tu compañero lo lea, pégalo en su frente. Él también tiene que pegar el suyo en tu frente.
3. Por turnos, os preguntáis: **¿Qué te pasa?**
4. Gana el primero que acierte.

6 Escucha y relaciona las frases con las imágenes. Después, explica qué les pasa (utiliza los verbos **estar** y **tener**).

1. Rosa está enferma.
   Está en el hospital.
2.
3.
4.
5.
6.

7 Mira y completa la tabla con tus lápices o rotuladores de colores.

	ESTAR	TENER
yo	estoy	
tú		tienes
él, ella	está	
nosotros/as		tenemos
vosotros/as	estáis	
ellos, ellas		tienen

8 Mira los *emojis* y escribe qué le pasa a la familia de Lola.

a. Lola y su madre (5) están enfermas.

b. Lola (1) (4)

c. La madre de Lola (2) (3) (6) (8)

d. Pablo (7)

9 Lee y completa el dibujo según su estado físico.

Está muy mal. Tiene fiebre.	No está bien. Está mareado.	Está bien, pero tiene tos.

10 Recorta, lee y crea diferentes diálogos. Si lo necesitas, puedes escribir otros mensajes en los bocadillos en blanco.

A ver... Empiezo con esta frase: *Hola, ¿qué tal?*

11 Lee y completa los pronombres y otras partes del cuerpo.

a mí ______
a ti ______
a él, a ella ______
a nosotros/as ______
a vosotros/as ______
a ellos, a ellas ______

duele

el codo ______

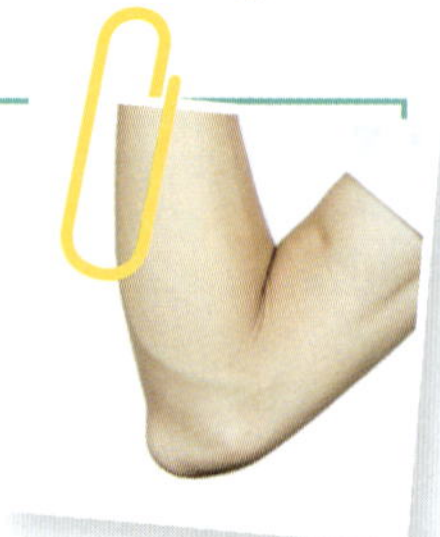

duelen

las rodillas ______

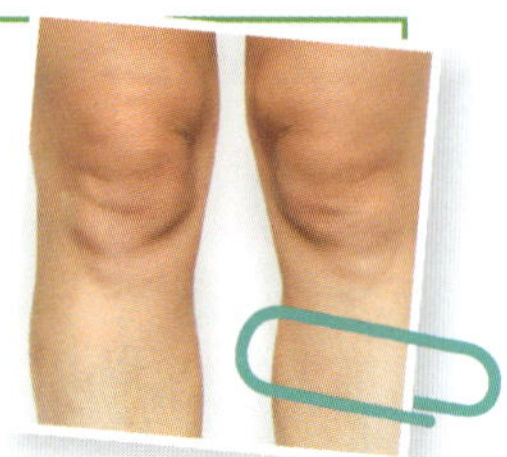

12 Lee esta nube de palabras en forma de estrella de la UNIDAD 1 y crea una con forma de cruz roja con las palabras de esta unidad.

13 Lee y completa estas fichas.

① 

1. ¿Qué es?
2. ¿Cómo se llama en tu lengua?
3. ¿Para qué sirve?

② 

1. ¿Qué es?
2. ¿Cómo se llama en tu lengua?
3. ¿Para qué sirve?

③ 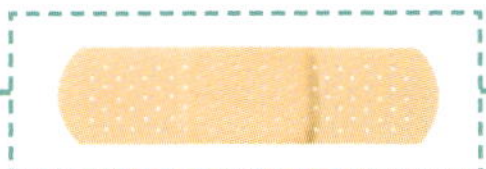

1. ¿Qué es?
2. ¿Cómo se llama en tu lengua?
3. ¿Para qué sirve?

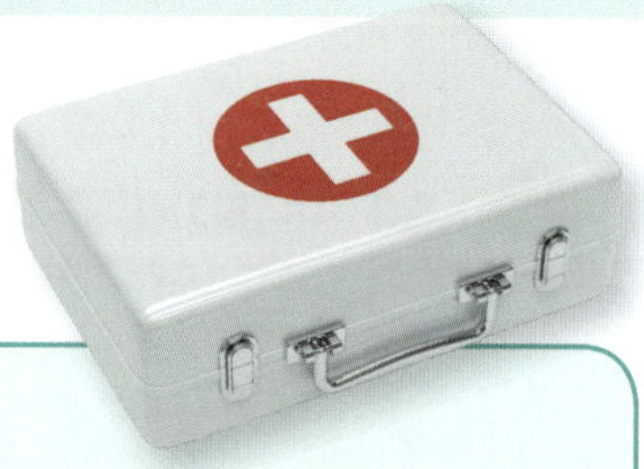

14 Lee y contesta.

- ¿Para qué sirve un botiquín?
- ¿En tu casa hay botiquín? ¿Sabes dónde está?
- ¿En tu colegio hay botiquín? ¿Sabes dónde está?
- Escribe cinco cosas que hay normalmente en un botiquín.

15 Mira, lee y escribe qué les pasa y qué tienes que hacer para ayudarlos.

Mi primo Guillermo se cayó de la bici y tiene ______ en la rodilla. Tengo que limpiarla con ______ y ______.

Mi amiga Anne no está muy bien. Le duele ______. Tengo que pedirle a la profesora ______ para el dolor.

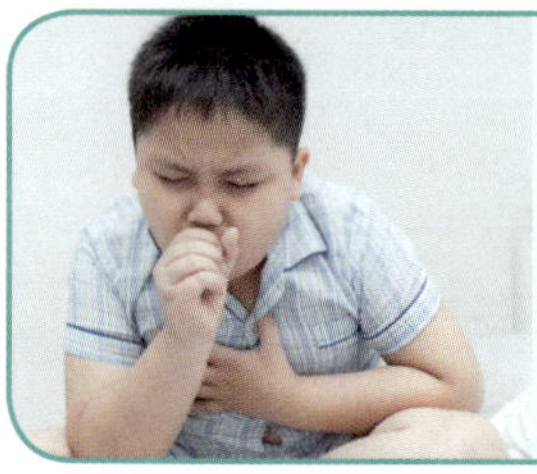

Mi hermano está ______ y tiene mucha ______. Tengo que ir a la farmacia y comprar ______ para la tos.

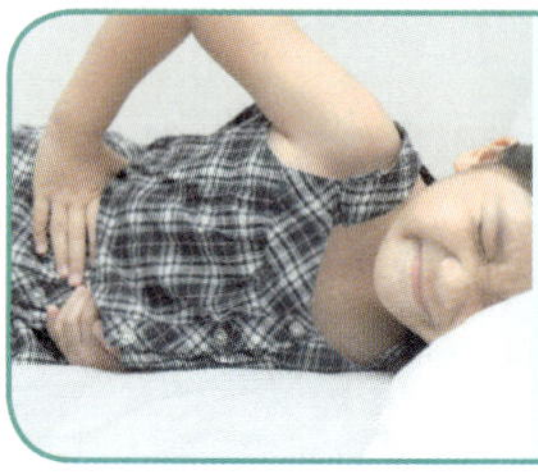

María ______

16 Lee esta conversación entre Raúl y su padre, y contesta.

Raúl, ¿estás en casa? Hoy tienes que ordenar tu habitación.

Y tienes que hacer los deberes, ¿eh?

Sí, estoy haciendo los deberes... Mañana ordeno la habitación, ¿vale?

No, mañana tenemos que ir a comprar los libros nuevos.

Y tengo que ir al médico otra vez. Todavía me duele la rodilla... 😣

1. ¿Qué tiene que hacer Raúl hoy?
2. ¿Qué tienen que hacer Raúl y su padre mañana?
3. ¿Crees que Raúl va a ordenar su habitación?

17 Ahora, escucha el diálogo entre Raúl y Marta, y completa las series.

8

ordenar		
ayudar a		
hacer		

18 Lee y relaciona.

1 ¿Te ayudo a...?

2 ¿Te ayudo con...?

- 2 los deberes
- 1 buscar las llaves
- los libros
- limpiar la herida
- la tirita
- ordenar tu habitación
- preparar el desayuno
- el examen de mañana

19 Escucha la canción *Me duele aquí* y ordena la letra.

Hola,
amiga, ¿qué
te pasa?
Veo que
tienes mala
cara.
Me duele la
barriga,
ayer comí
mucha
mermelada.

Me duele
aquí, aquí,
aquí...
¡No estoy
muy bien!

Hola, amiga, ¿qué te pasa?
Veo que tienes mala cara.
Me duele la barriga,
estoy mareada.

Me duele
aquí, aquí,
aquí...
¡No estoy
muy bien!

Me duele la cabeza,
se me tapa la nariz.
Estoy resfriada.
¡Achís, achís, achís, achís!

Me duelen las rodillas
y las manos también.
Tengo dos heridas.
¡Y ahora ya estoy bien!

DESCUBRIR EL MUNDO

Deportes olímpicos

20 Lee y relaciona.

1. Representan la cultura del país anfitrión. Normalmente es un animal o una figura humana y nos divierten un montón. **¿Qué son?**

2. Son para los mejores deportistas. Son de oro, de plata y de bronce. **¿Qué son?**

3. Hace un recorrido muy largo por varios países de mano en mano y mientras hay fuego, hay juego. **¿Qué es?**

4. Es el símbolo de los Juegos Olímpicos. Está formada por cinco aros de colores que representan a los cinco continentes. **¿Qué es?**

la llama olímpica

la bandera olímpica

las medallas olímpicas

las mascotas olímpicas

La feria verde

1 Colorea las verduras y hortalizas que conoces y escribe su nombre. Después, si quieres, puedes buscar en el diccionario el nombre de las que no conoces.

2 Mira la imagen de las páginas 50 y 51 del Libro del alumno y contesta.

¿CUÁNTOS/AS HAY?

cajas de patatas: ______

macetas con plantitas: ______

cajas de pepinos: ______

lechugas en el huerto: ______

cajas de tomates: ______

zanahorias: ______

clases de semillas: ______

tomates en cajas: ______

clases de verduras y hortalizas en el huerto: ______

Si lo necesitas, puedes consultar el diccionario.

3 Mira, lee y relaciona la imagen con su frase correspondiente.

- Organizar las frutas, las hortalizas y las verduras
- Recoger las verduras, las hortalizas y las frutas del huerto
- Plantar semillas y plantas
- Regar las plantas

4 Lee, mira la tabla y completa con la acción según su frecuencia.

✓✓✓✓	todos los días, siempre	~~cuidar~~
✓✓✓	normalmente, casi siempre	regar
✓✓	a veces	plantar
✗✓	casi nunca	cortar
✗	nunca	jugar

A mi abuela Esther le encantan los árboles, las flores y las plantas. Por eso, **todos los días** cuida su jardín y **casi nunca** ______ las flores. **Casi siempre** ______ las plantas y, **a veces**, también ______ semillas para tener flores nuevas. Yo **nunca** ______ a la pelota en el jardín porque sé que a mi abuela no le gusta.

Si lo necesitas, puedes consultar el diccionario.

5 Mira, lee y escribe un comentario usando las expresiones del recuadro.

es bueno...
es importante...
tiene/n que...

1

Daiane y su familia pasean en bici una vez al mes.

Es importante hacer deporte todas las semanas.

2

Pablo no sabe cocinar.

3

Ramiro casi nunca come verduras y hortalizas.

6 Mira y escribe el nombre de la parte de la planta señalada.

1

el cocotero

las hojas

4

la papa / la patata

2

el pimiento / el chile

5

la zanahoria

3

el pepino

6

la fresa

7 **A. ¿Recuerdas el significado de este símbolo? Completa las palabras.**

___ ___ DUCIR

___ ___ UTILIZAR

___ ___ CICLAR

Puedes consultar la página 37 del Libro del alumno de *Lola y Leo Paso a paso 3*.

B. Ahora, lee y completa las frases con las palabras del apartado A.

1. Es bueno ______________ las cajas, las bolsas y las botellas para hacer cosas nuevas, como juguetes o manualidades.
2. Es importante ______________ el uso del agua en la ducha.
3. Tenemos que ______________ la basura y separarla en los distintos contenedores.

8 **Mira las imágenes y coloca cada objeto en su contenedor de reciclaje. Si lo necesitas, puedes consultar el diccionario.**

vidrio	orgánico	papel	plástico y metal	electrónico

9 **A. Lee, elige ocho verbos y escríbelos en la persona tú del imperativo.**

~~abrir~~ · regar · recoger · ordenar · cuidar · colocar · cortar · poner · dormir · plantar · hacer · subir · crecer · vivir · comer

abre		

B. Ahora, juega al bingo de los imperativos. Marca los verbos que escuches. El primero que marque todos los verbos grita ¡bingo!

10

10 **A. Mira la foto. Después, completa los pasos para preparar esta receta con los verbos del cuadro.**

BATIDO SUPERROSA

~~lavar~~ · cortar · meter · poner · añadir · pelar

1. Lava ______, ______ y ______ la fruta.
2. ______ azúcar y leche.
3. ______ los ingredientes en la batidora.
4. ______ el batido en un vaso con una pajita.

B. Ahora, con la información de la foto y de la receta, completa la lista de ingredientes.

INGREDIENTES

11 Lee y completa el diálogo con la, las, lo, los.

un mango

tres o cuatro fresas

dos plátanos

una manzana

1. Marc, ¿cómo se hace un batido de frutas?
2. ¡Es muy fácil! Primero lavas la manzana y las fresas.
3. ¿_____ lavas mucho tiempo?
4. No, solo un poco. Y después cortas la manzana.
5. ¿Cómo _____ corto?
6. _____ cortas en trozos pequeños. Y las fresas por la mitad.
7. Vale, ¿y qué más?
8. El mango es más difícil, mejor _____ pelo yo. Y los plátanos tú: _____ cortas en cuatro partes.
9. ¡Qué fácil! ¡Me encanta hacer batidos de frutas!
10. ¡Guau! ¡Eres un supercocinero!

12 Completa la tabla con los nombres de las frutas de la actividad anterior.

GRAMÁTICA VISUAL		
Singular	lo ➡ _____	la ➡ _____
Plural	los ➡ _____	las ➡ _____

13 Mira estas adivinanzas visuales y escribe una frase como en el ejemplo.

cortar

No cortes el pimiento con el cuchillo grande, córtalo con el pequeño.

poner

pelar

lavar

hacer

comer

Si lo necesitas, puedes consultar el diccionario.

14 Lee, escucha y completa el diálogo.

11

- ¡Buenos días, doctor! Gracias por venir a la radio de nuestro colegio.
- ¡De nada, Alejandra! Me encanta estar aquí.
- Esta semana organizamos una feria ecológica y quiero __________ una lista de consejos para una vida sana. ¿Me ayudas?
- ¡Claro! A ver, el primer consejo: __________ mucha agua y __________ frutas y verduras todos los días.
- Perfecto. ¿Y qué más?
- __________ ocho horas y __________ deporte varias veces a la semana.
- Y también es bueno __________ mucho tiempo con nuestros amigos y nuestra familia.
- ¡Claro! Es muy importante.
- ¡Sí! Es lo más importante.

15 Escucha la canción *El baile de la vida sana*, lee y relaciona.

12

Verduras y frutas	*pa* la vida sana y un corazón feliz.
Naranja y manzana	te dan mucha fuerza.
Banana y fresa, cebolla y tomate	no hay que olvidar comer cada día para sano estar.
Cebolla y patatas, lechuga y maíz	se comen también toda la semana.

16 Lee, recorta y juega.

No hables por teléfono en clase.

REGLAS DEL JUEGO (por parejas)

1. Recortad las tarjetas.
2. Colocadlas bocabajo sobre la mesa.
3. Por turnos, cada jugador toma dos tarjetas. Si corresponde la frase con la imagen, se las queda. Si no, las pone de nuevo en la mesa bocabajo.
4. El juego termina cuando se formen todas las parejas. Gana el jugador que consiga más tarjetas.

DESCUBRIR EL MUNDO

El cacao y sus semillas

17 A. Mira la foto y lee los ingredientes. Hay dos intrusos: ¿cuáles son?

¿Qué necesitas para preparar bombones de chocolate?

- ☐ cacao en polvo
- ☐ sal
- ☐ chispas de colores
- ☐ mantequilla
- ☐ galletas
- ☐ huevos

B. Completa la receta de los bombones de chocolate con los verbos del recuadro en imperativo y comprueba tus respuestas del apartado A.

1. __________ las galletas dentro de un bol y __________las con un tenedor.
2. __________ la mantequilla y el cacao.
3. __________ todos los ingredientes muy bien.
4. Ahora, __________ pelotitas con las manos.
5. __________las con las chispas de colores y... ¡a comer!

tú

poner
romper
decorar
mezclar
hacer
añadir

Animales de película

1 **Mira la imagen de las páginas 64 y 65 del Libro del alumno y contesta.**

1. ¿Dónde están los protagonistas de esta unidad?

2. ¿Qué quieren hacer Lola y sus amigos?

3. ¿Qué están haciendo Pablo y Fátima?

4. Según los objetos que ves, escribe tres actividades que les gusta hacer a Lola y sus amigos.

2 **Mira de nuevo la imagen y responde.**

¿Cómo se llaman las películas de animales del canal TELE–NET?	¿Qué animales salen en ellas?
•	•
•	•
•	•
	•
	•

Si lo necesitas, puedes consultar el diccionario.

3 Colorea en rojo el nombre de los animales que viven en granjas o en casas, en azul los que viven en la sabana y en verde los que viven en la selva.

patojirafaleóngallinaelefantegatoloro
anacondahámstermonoperrotucánvaca
tigrecaballocebratarántulahipopótamo
burrococodrilocabrarinoceronteconejo

4 Lee la información que aparece en esta página web y participa.

Quiénes somos | Animales del mundo | Nuevas especies | Nuestra mascota | Contacto

Nuestra mascota

¿Conoces a JIRATIFANTE, la mascota de www.animalesincreibles.info?

JIRATIFANTE tiene la cabeza y el cuello como una jirafa, el cuerpo de un tigre y las patas de un elefante.

Estamos buscando un compañero para JIRATIFANTE. ¿Puedes ayudarnos? Dibuja un nuevo animal de fantasía y escanéalo. Escribe su nombre y su descripción y, después, haz click en enviar.

NOMBRE

DESCRIPCIÓN

ENVIAR

5 Lee este texto sobre el tucán y marca los seis datos falsos.
Escribe la información correcta abajo.

El tucán

El tucán es un ~~mamífero~~ que vive en la sabana.
Es muy fácil de reconocer porque tiene un cuello muy largo, pelos negros y blancos y unas patas muy largas. Tiene una trompa naranaja muy grande.

1. ave
2.
3.
4.
5.
6.

6 Recorta y pega las tarjetas del material recortable para completar las descripciones.

1. El ____ es un animal ____ ____ ____
2. La ____ es una araña ____ ____ ____
3. El ____ es un mamífero ____ ____ ____

7 Mira las fotos y escribe frases usando **que**. Hay varias posibilidades.

1. El cocodrilo es un reptil ______________________________.

2. Los carnívoros son animales ______________________________.

3. El elefante es un animal ______________________________.

4. El tigre es un felino ______________________________.

5. El tucán es un ave ______________________________.

6. La anaconda es un reptil ______________________________.

8 Mira el cuadro y escribe las formas con los colores correctos. Usa tus rotuladores o lápices de colores.

estar ➡ estado	comer ➡ comido	dormir ➡ dormido

1. cantar ______________
2. beber ______________
3. vivir ______________
4. leer ______________
5. escuchar ______________
6. jugar ______________
7. oír ______________
8. estudiar ______________
9. tener ______________
10. conocer ______________

9 Completa la tabla. Utiliza el código de colores para diferenciar las formas. Usa tus rotuladores o lápices de colores.

	JUGAR	TENER	VIVIR	HACER	VER
yo	he jugado				
tú				has hecho	
él, ella			ha vivido		
nosotros/as					hemos visto
vosotros/as			habéis vivido		
ellos, ellas		han tenido			

10 Escribe las frases en el orden correcto.

en	he	México.	nunca	estado	~~Yo~~

Yo

Nosotros	muchas	esta	visto	película	hemos	veces.

Min	ha	al	una vez.	jugado	tenis

11 Mira estas fotos y escribe qué han hecho estos niños.

ir al cine juntas | viajar en avión | jugar al baloncesto | vivir en París

✗ nunca

María y Eva ____________________

✓✓✓ muchas veces

Julián ____________________

✓ una vez

Mi hermano pequeño ____________________

✓✓✓ muchas veces

Graciela y yo ____________________

12 Lee estas dos conversaciones y completa los diálogos.

1

Hola, Luisa. ¿Qué tal?

Bien. ¿Y tú?

Estoy un poco aburrido... ¿__________ jugar al tenis conmigo?

__________. Tengo clase de inglés... 😝

😔

2

Hola, Mario. ¿Qué haces?

Estoy haciendo los deberes.

Oye, ¿__________ ir al parque después?

__________ ¿A las siete? 😁

¡Genial! Hasta luego. 😘

13 Escucha el diálogo y completa.

13

1 ¿Diga?

Hola, Luisa. Soy Carlos, el __________ de Laura. 2

3 Hola, Carlos. ¿Cómo estás?

__________. Mira, te llamo porque hoy es el __________ de Laura. Vamos a hacer una __________ en casa y Laura quiere invitar a algunos __________. 4

5 ¡Qué bien!

¿__________ venir Diego? 6

7 __________, __________.

¡Genial! 8

9 ¿A qué hora __________?

A las __________. 10

11 __________. ¡Hasta luego!

¡__________! 12

14 Encuentra el animal intruso de cada serie y escribe por qué. Puede haber varias posibilidades.

1. león — tigre — tarántula — cebra

____

2. mono — elefante — tarántula — tucán

____

3. jirafa — león — cebra — cocodrilo

____

4. rinoceronte — hipopótamo — jirafa — mono

____

15 **Juega a los detectives: lee las pistas, mira las siluetas y averigua cuál es el animal favorito de cada persona.**

1. Los animales favoritos de Carlos y Sarai son animales muy grandes.
2. A Jude y a Nina les encantan los felinos.
3. El animal que le gusta a Nina tiene el pelo largo y el favorito de Jude tiene rayas.
4. El animal que no tiene patas es el animal favorito de Marina.
5. El animal favorito de Sarai tiene trompa.
6. El animal favorito de Carlos tiene las patas muy cortas.

Carlos

Nina

Marina

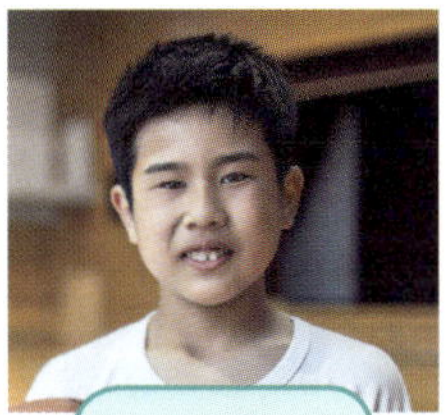
Jude

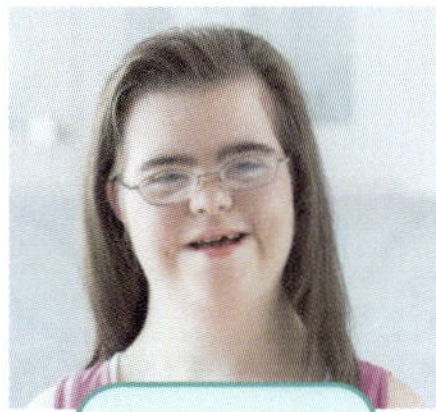
Sarai

16 **Recorta los animales de la página 85. Después, escucha la canción *Tengo una selva dentro de mi casa* y pégalos en la parte correspondiente de la casa.**

14

17 Lee y adivina qué animal es.

1

Tiene una cola larga
y el viento su pelo peina.
Él es el rey de la selva
y su mujer es la reina.

2

A veces está en el circo
y en el zoológico también
y tiene la nariz más larga
que en el mundo puedes ver.

3

Es un animal salvaje
y no duerme en una cama.
Corre como un caballo
y su piel parece un pijama.

DESCUBRIR EL MUNDO

Animales en peligro de extinción

18 Lee la ficha del lince ibérico y escribe un texto con toda esta información.

Nombre: lince ibérico.
Hábitat: sur de España.
Alimentación: conejos, liebres, aves.
Características: felino; pelo con manchas, orejas puntiagudas, cola muy corta, patas largas y fuertes para correr rápido y saltar; muy buena vista; peso: menos de 20 kg; especie en peligro de extinción.

UNIDAD 5

SuperLeo

1 Mira las páginas 78 y 79 del Libro del alumno, lee las frases y marca verdadero (V) o falso (F). Corrige la información falsa.

a. Leo y sus compañeros están en el patio de la escuela. ◯

_______________________________.

b. Se celebra el segundo concurso de cómics de la escuela. ◯

_______________________________.

c. Leo está hablando sobre el superhéroe de su cómic. ◯

_______________________________.

d. Encima de la mesa hay un diccionario de inglés. ◯

_______________________________.

e. El escritor mexicano Juan Villoro nació en 1950. ◯

_______________________________.

2 Completa este ideograma como en el ejemplo.

La materias de la escuela

1. ordenador · internet — Computación
2. calculadora · números — _______________
3. diccionario · Estados Unidos — _______________
4. instrumentos · cantar — _______________
5. mundo · mapa · países — _______________
6. tenis · fútbol — _______________
7. laboratorio · telescopio — _______________

3 Mira este horario de clase y contesta.

	LUNES	MARTES	MIÉRCOLES	JUEVES	VIERNES
8:00 – 9:00	Matemáticas	Español	Artes	Matemáticas	Ciencias
9:00 – 10:00	Inglés	Inglés	Inglés	Música	Español
10:00 – 10:30	RECREO				
10:30 – 11:30	Historia	Ciencias	Ciencias	Música	Computación
11:30 – 12:30	Educación Física	Matemáticas	Artes	Educación Física	Computación
12:30 – 13:30	Historia	Geografía	Historia	Geografía	Artes

a. ¿Cuántas materias tienen? ______

b. ¿Qué días tienen Matemáticas? ______

c. ¿A qué hora empiezan las clases de Inglés? ______

d. ¿Qué estudian los viernes? ______

e. ¿A qué hora terminan las clases? ______

4 Ahora tú Ahora, completa este horario con tus clases y tus asignaturas.

	LUNES	MARTES	MIÉRCOLES	JUEVES	VIERNES

5 Lee y completa las frases con hay que.

1. Para tocar bien la guitarra ______________________________.

2. Para tener muchos amigos ______________________________.

3. Para ser un superhéroe o una superheroína ______________________________.

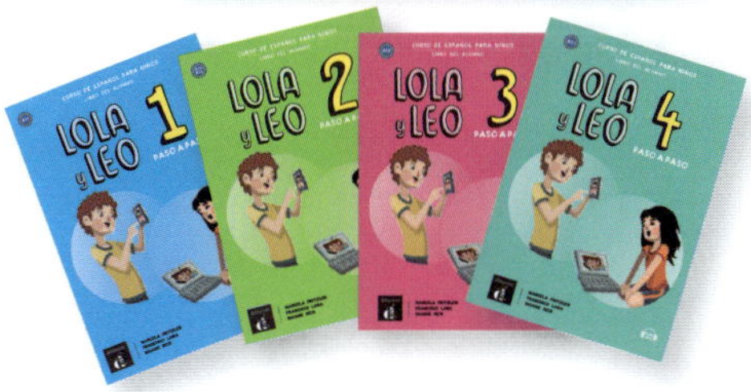

4. Para aprender español con *Lola y Leo paso a paso* ______________________________.

6 Escucha el diálogo y marca quién dice estas frases: Leo, Clara o los dos.

15

a. El fin de semana estudió para el examen de Geografía.	Leo	Clara
b. El personaje de su cómic es femenino.	Leo	Clara
c. Su superhéroe es muy rápido.	Leo	Clara
d. El personaje de su cómic es superamable.	Leo	Clara

7 Escucha la canción *Superhéroes de ciudad* y escribe sus nombres. Después, elige uno y dibújalo en tu cuaderno.

16

en el hospital ______________________________

en el colegio ______________________________

¡Podéis decorar la clase con todos los dibujos!

8 Escribe estos verbos en su lugar. Después, completa toda la tabla.

	SER	TENER
yo		
tú		
él, ella		
nosotros/as		
vosotros/as		
ellos, ellas		

tenemos · sois · eres · tengo · tienes · tienen · es

9 Mira estas fotos y marca la información correcta.

	Carlos	Nina	Marina	Iván
Es moreno/a.				
Es rubio/a.				
Es castaño/a.				
Tiene el pelo largo.	✓			
Tiene el pelo corto.				
Tiene el pelo liso.				
Tiene el pelo rizado.				

10 Completa las frases conjugando los verbos ser o tener.

1. Mi madre ________ muy alta y ________ el pelo castaño, largo y rizado.
2. Yo ________ los ojos verdes, como mi abuelo, y ________ rubia, como mi abuela. Y mi hermana y yo ________ el pelo rizado, como mi padre.
3. Mi perro ________ muy divertido y muy inteligente. ________ las orejas grandes y muy graciosas.
4. • ¿________ hermanos? ________ los ojos y el pelo del mismo color.
   ○ No, ________________ primos.

11 Mira las fotos y completa las frases con **más… que**, **menos… que** o **tan… como**.

Paolo

Isabela

Paolo tiene el pelo ________ corto ________ Isabela.

Carlos

Nina

Carlos tiene el pelo ________ largo ________ Nina.

Lucas

Greta

Lucas tiene el pelo ________ rizado ________ Greta.

12 Jugamos en parejas: recorta y compara los animales.

REGLAS DEL JUEGO (por parejas)

1. Recortad las tarjetas y colocadlas bocabajo sobre la mesa.
2. Por turnos, levantad dos tarjetas. Cada jugador escribe en su cuaderno una frase para comparar los dos animales.
3. Después, comparad las frases y anotad los puntos: 1 punto por cada frase igual y 2 puntos por cada frase original.
4. Cuando se terminen las tarjetas, contad los puntos. Gana quien consiga más puntos.

El delfín es más rápido que la tortuga.

Palabras que te pueden ayudar:

grande	simpático/a
pequeño/a	divertido/a
fuerte	tímido/a
rápido/a	inteligente

13 Pega una foto en la que salgan dos personas de tu familia o dos amigos. Haz una descripción de cada persona y compáralas.

Pega aquí la foto.

14 Completa el texto con las palabras de las etiquetas.

blanca | superpoderes | enfermos | inteligente | superheroína | corazón

Mi madre es una ______ que lleva ropa normal, pero cuando se transforma, lleva una bata ______ y un aparato para escuchar el ______.

Mi madre tiene un montón de ______. Ayuda a los niños cuando están ______ y es más ______ que un delfín. ¡Mi madre es una supermamá!

15 Mira el vídeo de la unidad (DVD 2). Con la ayuda de las imágenes, completa lo que dicen Kenji, Petra y Felipe sobre sus superhéroes.

Mi superheroína es ____________________

Ella ____________________

Mi superhéroe es ____________________

Él ____________________

Mis superhéroes son mis ____________________

Ellos ____________________

Y mi padre ____________________

16 Y tú, ¿tienes un superhéroe o una superheroína cerca de ti? Recorta la estrella de la página 87, escribe su nombre en el centro, decórala y complétala con información sobre su carácter y sus superpoderes. Después, regálasela.

DESCUBRIR EL MUNDO

El mundo de los cómics

17 Completa la historia. ¿Cómo solucionaron SuperNina y SuperMax el problema de los libros? Dibuja las viñetas y escribe los diálogos.

JUE-
GOS

EL JUEGO DE LAS ESTRELLAS

Repaso de las unidades 0 – 1

REGLAS DEL JUEGO (por parejas)

1. Los jugadores empiezan en la estrella **Salida**.
2. Por turnos, cada jugador puede avanzar una o dos estrellas en cualquier dirección, pero es obligatorio pasar por todas las **estrellas rojas**.
3. El juego consiste en hacer la **ACCIÓN** que indica el color de las estrellas.
4. Si el jugador no hace correctamente la **ACCIÓN**, pierde el turno.
5. Gana el jugador que llegue primero a la estrella **Llegada**.

¡MUY BIEN! ESTÁS EN LA MITAD DEL CAMINO

¿Qué tal el finde pasado?

470

♫

¿Qué hiciste ayer?

750

2.º

¿Cuál es el planeta más grande?

¿Qué hiciste el domingo?

7.º

LLEGADA

10.º

¿Cuál es el planeta más cercano al Sol?

♫

¿Qué comiste ayer?

1998

2020

¡MUY BIEN! ESTÁS EN LA MITAD DEL CAMINO

¿A qué hora te acostaste ayer?

ACCIONES

- Contesta la pregunta. (green star)
- Nombra el objeto o el número. (orange star)
- Crea una frase con esta imagen. (blue star)
- Canta una canción en español. (yellow star)
- Retrocede una estrella. (pink star)

EL JUEGO DE LAS IMÁGENES

Repaso de las unidades 0–3

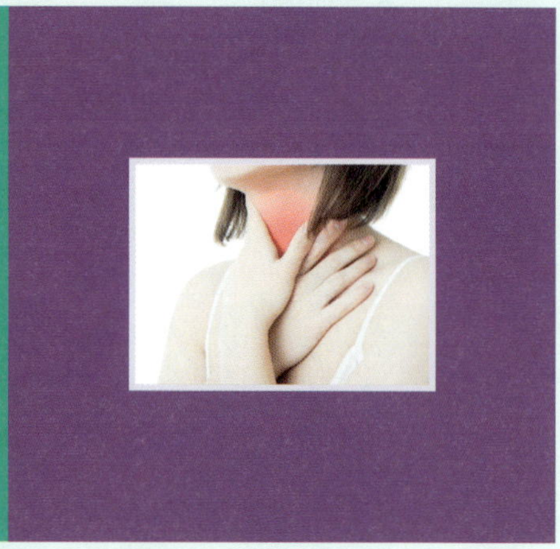

REGLAS DEL JUEGO
(por parejas)

1. Recortad las tarjetas.
2. Poned las tarjetas bocabajo en la mesa.
3. Por turnos, cada jugador toma una y la lee.
4. Mira el tablero y busca la imagen que representa la solución.
5. Di la respuesta correcta o completa la frase.
6. Si la contestas correctamente, anota un punto en tu marcador.
7. Gana el jugador que tenga más puntos.

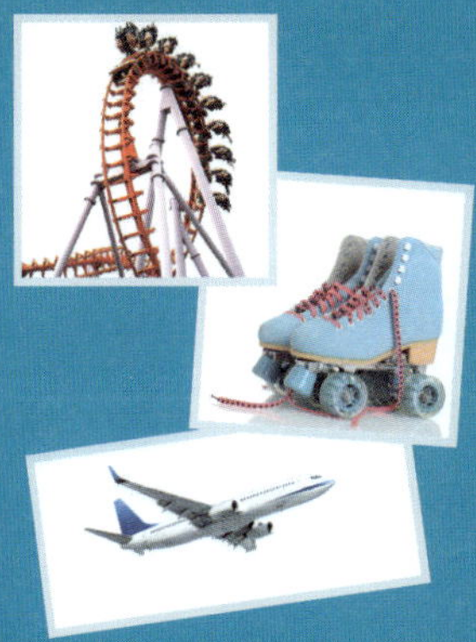

JUGADOR 1							
1	2	3	4	5	6	7	8

JUGADOR 2							
1	2	3	4	5	6	7	8

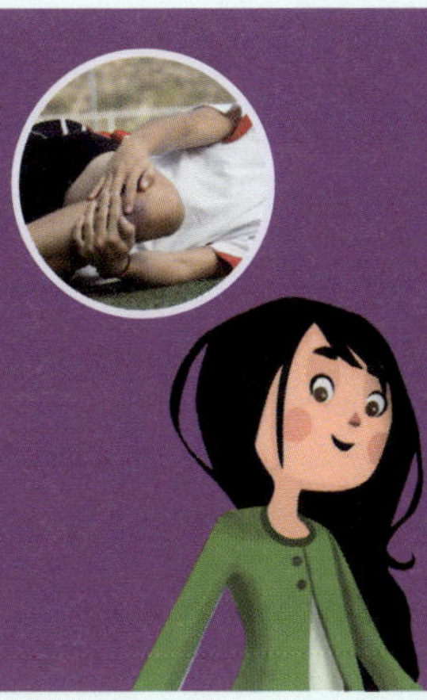

EL JUEGO DE LOS BARCOS

Repaso de las unidades 1–5

TABLERO NORTE

	B	A	R	C	O	S
5						
4						
3						
2						
1						

REGLAS DEL JUEGO (por parejas)

1. Cada jugador elige una parte del Tablero Sur: BAR o COS.
2. Dibuja en tu parte tus barcos: 2 de una casilla, 2 de dos casillas y 1 de tres casillas. ¡Ojo! El compañero no puede ver dónde están colocados.
3. Recorta las tarjetas que corresponden a la parte del tablero que haya elegido tu compañero (si tú tienes BAR, recortas COS o viceversa).
4. Por turnos, cada jugador dice dos coordenadas (letra y número, por ejemplo, B5). Si la casilla B5 está en blanco, tu compañero dice no; si en la casilla se encuentra una parte de un barco, tu compañero dice sí; si con esa coordenada hundes un barco, dice barco.
5. Además, para no perder el turno tienes que responder correctamente a la pregunta B5 que te hará tu compañero.
6. Si contestas bien, puedes decir otra coordenada. Si contestas mal, pasa el turno a tu compañero.
7. En el Tablero Norte, puedes ir marcando los resultados de las coordenadas que dices para hundir los barcos de tu compañero: N = no, S = sí y B = barco.
8. Gana el jugador que primero hunda todos los barcos de su compañero.

TABLERO SUR

	1	2	3	4	5
B					
A					
R					
C					
O					
S					

GLO-SA-RIO

GLOSARIO

Mira, lee y escribe las palabras en tu lengua.

la radio

hacer una entrevista

hacer fotos

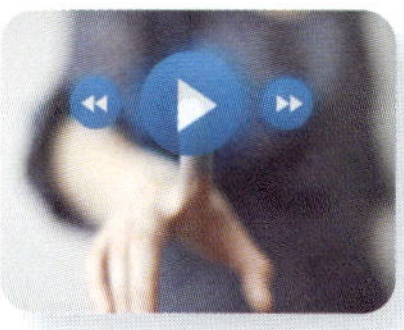
poner música

el ordenador

los auri-culares

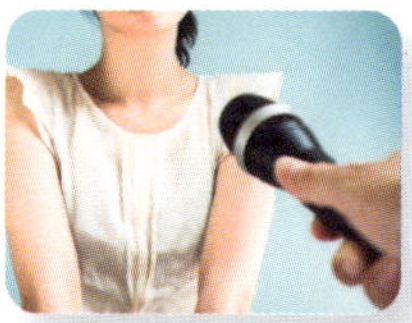
el micrófono

el cumpleaños

el reloj

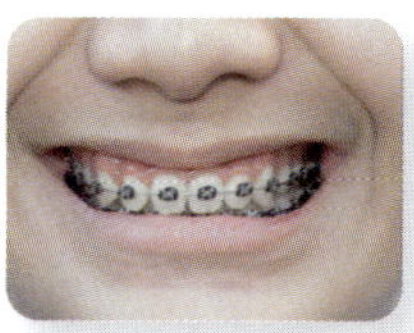
el aparato (dental)

las gafas

los pendientes

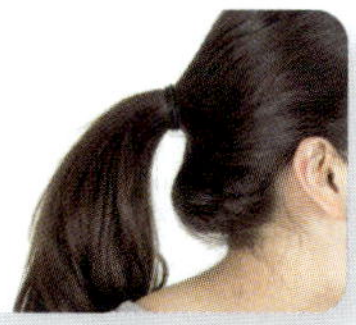
la coleta

hacer un pícnic

el mapa

enero

febrero

marzo

abril

mayo

junio

julio

agosto

septiembre

octubre

noviembre

diciembre

GLOSARIO

Mira, lee y escribe las palabras en tu lengua.

el planetario

el espacio

el sistema solar

el planeta

el Sol

la Luna

las estrellas

el cohete

el telescopio

los anillos

los inventos

las aplicaciones móviles

el astronauta

la astronauta

cercano

lejano

caliente

frío

grande

pequeño

Mercurio

Venus

Tierra

Marte

Júpiter

Saturno

Urano

Neptuno

GLOSARIO

Mira, lee y escribe las palabras en tu lengua.

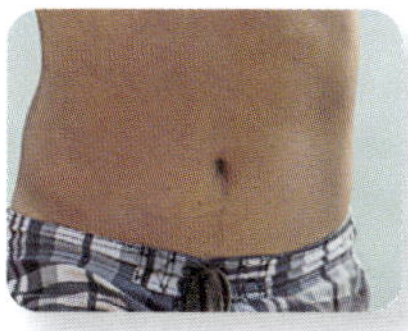
la barriga

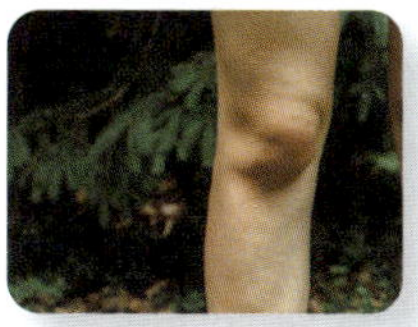
la rodilla

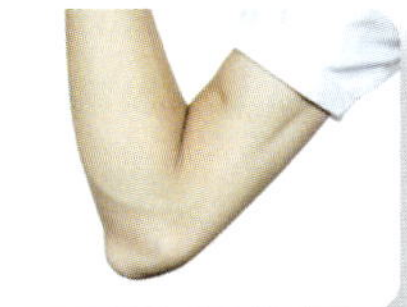
el codo

la garganta

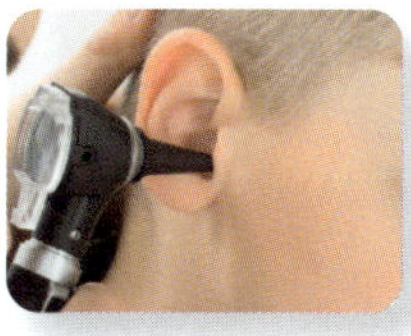
el oído

estar mareado/a

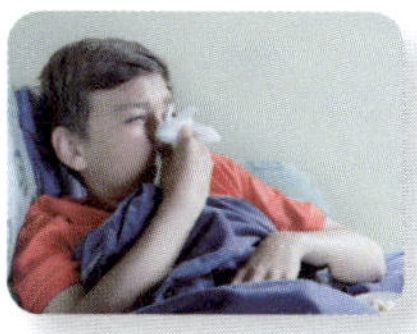
estar resfriado/a

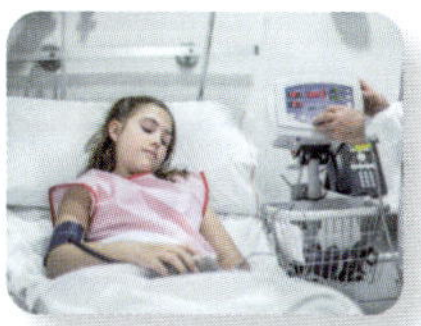
estar enfermo/a

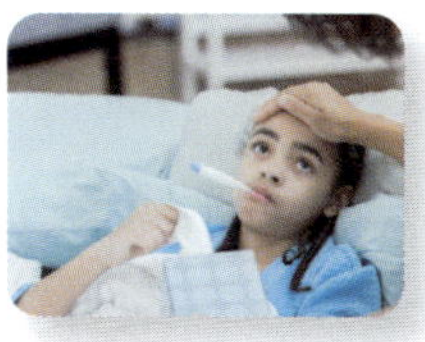
tener fiebre

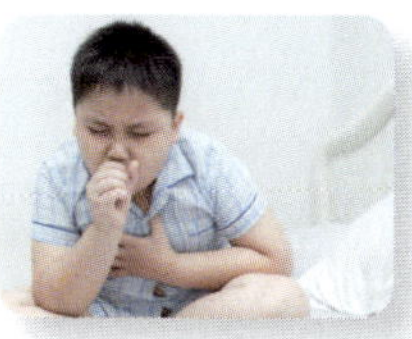
tener tos

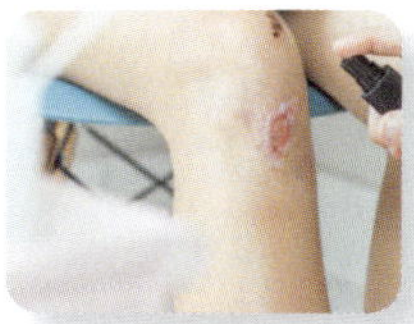
tener una herida

las tiritas

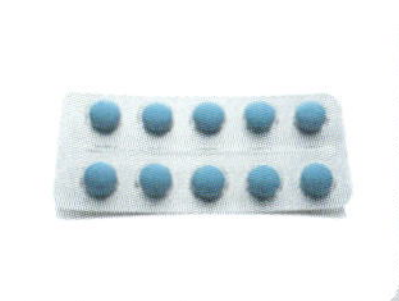
las pastillas

el jarabe

la infusión

el agua oxigenada

las gasas

la cabeza

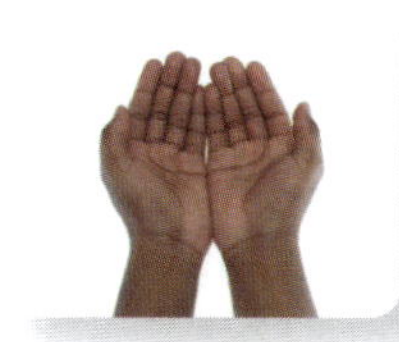
las manos

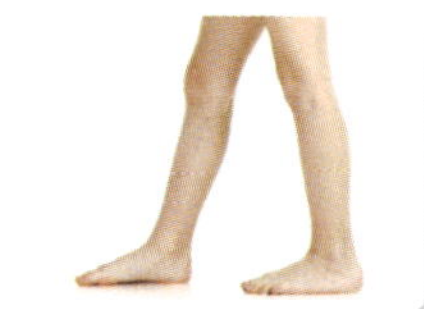
las piernas

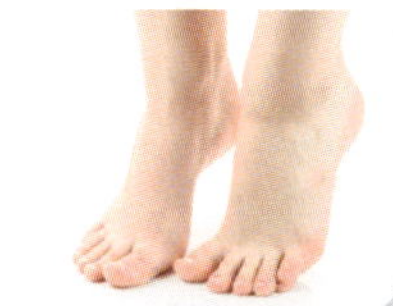
los pies

el dolor

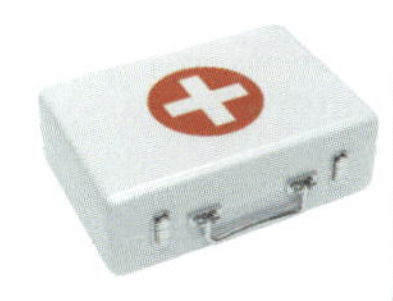
el botiquín

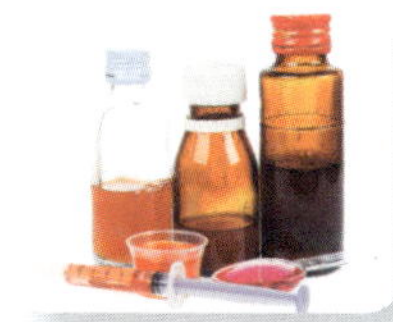
los remedios

el médico, el doctor

la médica, la doctora

el casco

las rodilleras

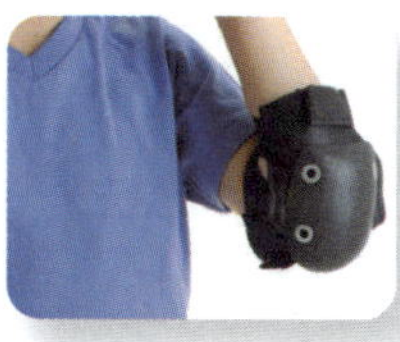
las coderas

los deportes

GLOSARIO

Mira, lee y escribe las palabras en tu lengua.

el tomate

el maíz

la lechuga

la papa,
la patata

el pepino

la zanahoria

la flor

el fruto

la hoja

la raíz

el tallo

plantar

regar

recoger,
recolectar

colocar,
organizar

cuidar las plantas

las latas

los juguetes

las botellas

el agua

el grifo

el huerto

la basura

la pera

la fresa

la naranja

el plátano

la manzana

la piña

el mango

GLOSARIO

Mira, lee y escribe las palabras en tu lengua.

el león

el tigre

el mono

el rinoceronte

el tucán

el cocodrilo

el hipopótamo

el elefante

la cebra

la serpiente

la tarántula

la jirafa

el cuello

la trompa

el pico

las patas

el cuerno

las rayas

las manchas

los roedores

las aves

la selva

la sabana

el río

ser herbívoro/a

ser carnívoro/a

vivir en

alimentarse de

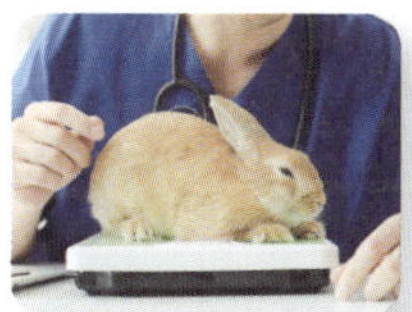
pesar

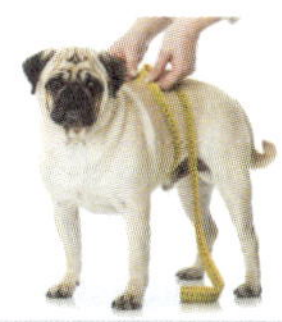
medir

GLOSARIO

Mira, lee y escribe las palabras en tu lengua.

Computación, Informática

Educación Física

Matemáticas

Geografía

Ciencias

Artes

Historia

Música

Es moreno/a.

Es castaño/a.

Es rubio/a.

Es pelirrojo/a.

Tiene el pelo largo.

Tiene el pelo corto.

Tiene el pelo liso.

Tiene el pelo rizado.

Tiene los ojos azules.

Tiene los ojos negros.

Es fuerte.

Es alto/a.

Es bajo/a.

Es simpático/a.

Es divertido/a.

Es inteligente.

Es tímido/a.

la superheroína

el superhéroe

la capa

la máscara

volar

GLOSARIO

Mira, lee y escribe los números en tu lengua.

100	cien
102	ciento dos
200	doscientos
300	trescientos
400	cuatrocientos
500	quinientos
600	seiscientos
700	setecientos
800	ochocientos
900	novecientos
1000	mil
1001	mil uno
1100	mil cien
1101	mil ciento uno
1981	mil novecientos ochenta y uno
2000	dos mil
2020	dos mil veinte
15 000	quince mil
98 000	noventa y ocho mil
1.º	primero/a
2.º	segundo/a
3.º	tercero/a
4.º	cuarto/a
5.º	quinto/a
6.º	sexto/a
7.º	séptimo/a
8.º	octavo/a
9.º	noveno/a
10.º	décimo/a

MI GLOSARIO

Escribe y dibuja las palabras que te gustan y crea tu glosario personalizado.

MI GLOSARIO

Escribe y dibuja las palabras que te gustan y crea tu glosario personalizado.

RE-
COR-
TA-
BLES

12 B. Recorta, elige y pega la ropa de Santiago. Después, explica qué ropa lleva.

15 Recorta y juega con tu compañero: ¿qué están haciendo?

7 Recorta y juega con tus compañeros.

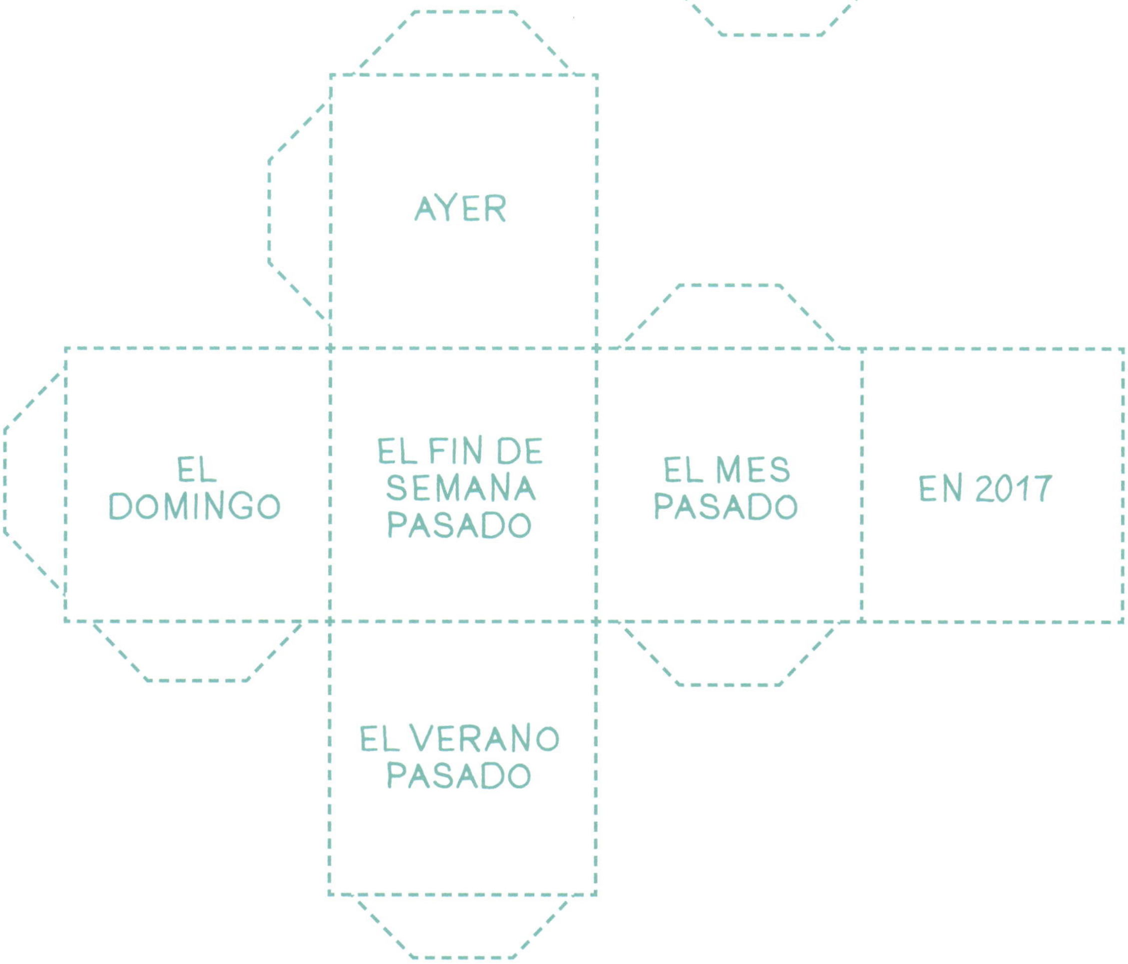

10 **Recorta, lee y crea diferentes diálogos. Si lo necesitas, puedes escribir otros mensajes en los bocadillos en blanco.**

Hoy no voy al colegio.

Hola, ¡no estoy bien!

Estoy malo/a.

Estoy resfriado/a.

Estoy mareado/a.

¡Muchas gracias!

No, me duele la barriga.

¿Qué te pasa?

¿Qué te duele?

¿Te duele la cabeza?

¡Que te mejores!

Mi hermano también está resfriado.

¿Tienes fiebre?

Hola, ¿qué tal?

Tengo mucha tos.

Me duele la garganta.

Necesito ir al médico.

¿Tienes jarabe en casa?

Si quieres, te envío los deberes por *email*.

Tienes mala cara. ¿Estás bien?

16 Lee, recorta y juega.

Tira la basura en el contenedor.

No hables por teléfono en clase.

Pasea en bicicleta.

No hagas fotos.

No comas muchos dulces.

No nades solo.

Juega con tus amigos.

No cortes las flores.

Cruza por el paso de cebra.

Bebe mucha agua.

6 Recorta y pega las tarjetas del material recortable para completar las descripciones.

	pesa	que	se alimenta de
vive en		los árboles.	que
muchos kilos.	insectos.		que

16 Recorta los animales de la página 85. Después, escucha la canción *Tengo una selva dentro de mi casa* y pégalos en la parte correspondiente de la casa.

12 Jugamos en parejas: recorta y compara los animales.

16 Y tú, ¿tienes un superhéroe o una superheroína cerca de ti? Recorta la estrella de la página 87, escribe su nombre en el centro, decórala y complétala con información sobre su carácter y sus superpoderes. Después, regálasela.

1
¿A qué hora empezó Leo a grabar su *podcast*?

2
¿Qué actividad no le gusta hacer a Pepe? ¿Y a Lupe?

3
Me encantan los animales. En casa tengo dos mascotas. ¿Cuáles son?

4
¿Qué vamos a hacer en el curso de español?

5
Dos consejos para llevar una vida sana.

6
¿Qué lleva el batido favorito de Milena?

7
¿Qué descubrió Leo cuando fue al planetario con su familia?

8
Di tres cosas que hizo Inés el verano pasado.

9
¿En qué año llegó el primer astronauta a la Luna?

10
¿Cuáles son los dos planetas más grandes del sistema solar?

11
Este es el botiquín de la casa de Lola. ¿Qué remedios tiene?

12
Es importante ________ las plantas una vez por semana.

13
En el huerto de la escuela de Jaime hay ________.

14
Ayer Lola jugó al fútbol y hoy no está bien. ¿Qué le pasa?

15
Guillermo está muy resfriado. ¿Qué tiene que tomar?

16
¿Por qué Jimena no puede cantar en el karaoke esta tarde?

B1

Hay una estrella nueva que se llama ________.

A1

Leo _____ al planetario el fin de semana.

R1

El planeta más lejano al Sol es __________.

B2

La madre de Lola está ________. Tiene tos y fiebre.

A2

Si tienes tos, tienes que tomar ____________.

R2

Lola está enferma y __________ la barriga.

B3

El plátano y la fresa son ________________.

A3

Hace calor. Por favor, ________________.

R3

La zanahoria es una ________________.

B4

Abdel nunca ________ un león blanco.

A4

El tucán es un ave que ________________.

R4

El jaguar y el cóndor andino son animales en ________________.

B5

Los superhéroes llevan ________________.

A5

SuperAbu tiene muchos ________________.

R5

Leo es ________ y tiene el pelo ________.

(este material continúa en la página siguiente)

(este material empieza en la página anterior)

C1

El primer astronauta llegó a la Luna en el año __________________.

O1

Lola __________ en casa de Min el sábado pasado.

S1

El planeta __________ lejano del sistema solar es __________.

C2

Pablo __________ que estudiar para un examen.

O2

A Pablo ____________ los pies.

S2

Hay que limpiar la herida con una __________ y agua __________.

C3

Es importante ________ el huerto todos los días.

O3

La hoja, el tallo y la raíz son ________________.

S3

No __________ tantas galletas.

C4

Lola ________ en México una vez.

O4

La anaconda gigante es un _________________.

S4

La jirafa tiene el ______ y las _____ muy largas.

C5

Para sacar buenas notas _______________.

O5

Leo tiene el pelo más ______ que ______.

S5

Un cómic tiene ______ y bocadillos.